BROTAUFSTRICHE

traditionell und vegetarisch

KRENN

www.hubertkrenn.at

Lektorat: Inge Krenn

Fotos: Fotostudio Riedmann

Grafik: Barbara Schneider-Resl

Druck und Bindung: Druckerei Theiss GmbH, A-9431 St. Stefan

ISBN 978-3-99005-063-7

Kulinarisches Österreich

Brotaufstriche

traditionell und vegetarisch

KRENN

Inhalt

AUFSTRICHE VON A–Z

ABKÜRZUNGEN:

kg .... Kilogramm
g .... Gramm
l .... Liter
cl .... Zentiliter
ml .... Milliliter
EL .... Esslöffel
TL .... Teelöffel
Pkg. .... Packung
Stk. .... Stück
Msp. .... Messerspitze

Aufstriche

Süß oder pikant – immer passend

Ob süß oder eher würzig und scharf – ein guter Aufstrich macht mehr aus jedem Brot. Die Variationsbreite bei den Zutaten ist unerschöpflich und auch auf den ersten Blick ungewohnte Kombinationen können eine echte Entdeckung werden. Außerdem lassen sich mit Aufstrichen delikate Snacks zaubern, die Sie zu einem Glas Wein auf den Tisch bringen können. Dabei können Sie sowohl Geschmacksvorlieben als auch dem Faktor Gesundheit Rechnung tragen. Immer ein guter Tipp sind frische Kräuter, weil sie für die würzige Note sorgen und außerdem eine hervorragende Wirkung auf Ihr Immunsystem haben.

Ein großes Plus von Aufstrichen ist auch, dass sie schnell gemacht sind. Dadurch eignen sie sich nahezu perfekt als geschwindes Essen für abendlichen Besuch. Nur mit wenigen Zutaten werden Aufstriche zu wahren Köstlichkeiten. Experimentieren Sie einfach!

Perfekt zum Dippen

Sehr beliebt bei Groß und Klein sind auch Aufstriche und Dips zum Eintauchen als kleiner Snack nebenbei. Dazu passen ganz unterschiedliche Leckereien und so mancher Obst- und Gemüsemuffel kommt da doch noch auf den Geschmack. Zum Dippen eignen sich exotische Fleischspießchen und Fleischbällchen genauso wie rohe Gemüsesorten, wie etwa Karotten, Salatgurken, Zucchini, Radieschen oder gedünstete Blumenkohl- oder Broccoliröschen. Auch Süßes, wie Apfelspalten oder Birnen, schmeckt zu Dips ganz vorzüglich. Und immer ein Renner sind natürlich die so beliebten Grissini und Soletti.

Frische Zutaten sind am besten

Geheimnis und Erfolg Ihres Aufstrichs hängen davon ab, was Sie in Ihren Aufstrich hineingeben. Je frischer, die Zutaten desto geschmackvoller und gesünder der Aufstrich. Richten Sie sich daher bei der Wahl der Basiszutaten danach, was die jeweilige Jahreszeit bei uns hergibt: Schneiden Sie knackige rote Paprika, scharfe Radieschen, frische Tomaten oder Zucchini im Sommer in Ihren Aufstrich oder wählen Sie Hülsenfrüchte, Erdäpfel oder Karotten im Winter. Das Vitamin C der Erdäpfel stärkt das Immunsystem. Hülsenfrüchte, wie zum Beispiel Bohnen, sind wichtige pflanzliche Eiweißlieferanten und festigen mit ihren Mineralstoffen die Knochen.

Und eine Bereicherung für viele würzige Aufstriche sind frische Kräuter. Mit Petersilie, Schnittlauch, Dille und Co. können Sie den Geschmack hervorragend verfeinern.

Welcher Aufstrich zu welchem Brot?

Aufstriche kommen am besten auf einem knusprigen, frischen Brot zur Geltung. Süße Aufstriche, zum Beispiel mit Honig oder Marmelade, passen besonders gut zu Weißbrot. Schinken und Gurke harmonieren dagegen vortrefflich mit einem eher herzhaften Roggenbrot. Zu einem typischen Sauerteig dagegen passt nichts besser als ein Gorgonzolaaufstrich oder ein würziger Paprikaaufstrich. Kombinationen mit Topfen zum Beispiel gehören auf ein mildes Brot.

Ein leckeres Aufstrichbrot schmeckt natürlich auch mal zwischendurch und eignet sich perfekt fürs gesunde Jausenbrot. Gemüse, Obst oder frische Kräuter sorgen für wichtige Vitamine und Mineralstoffe und bringen Sie im Nu wieder in Schwung.

Mit den vielen verschiedenen Geschmacksrichtungen bieten Aufstriche eine willkommene Abwechslung und sind vielleicht auch mal eine Alternative zur altbewährten Wurstsemmel. Finden Sie heraus, was Ihnen und Ihrer Familie schmeckt!

AUFSTRICHE VON A–Z

Aufstrich
mit Apfel & Radieschen

- 1 Bund Radieschen
- 1 Apfel
- 200 g Frischkäse
- Sonnenblumenkerne
- Zitronensaft
- 1 Prise Salz
- etwas Pfeffer
- Worcestersauce

Die Radieschen auf der groben Seite der Gemüseraffel reiben, den Apfel schälen und ebenfalls reiben. Sofort mit etwas Zitronensaft beträufeln und unter den Frischkäse rühren. Die Sonnenblumenkerne in einer trockenen Pfanne kurz rösten (bis sie zu duften beginnen).

Alle Zutaten verrühren und mit Salz und Pfeffer würzen. Zum Abrunden zum Schluss noch einen Schuss Worcestersauce dazugeben.

Auf knusprigem Kornspitz servieren und mit Radieschenscheiben garnieren.

Aufstrich mit Kräutern

- 250 g Topfen
- 2 EL Sauerrahm
- 1 EL Öl (Kernöl oder Sonnenblumenöl)
- 2 Knoblauchzehen
- Salz, Pfeffer
- frische Kräuter (Dille, Basilikum, Kresse,
- Oregano, Thymian, Petersilie, Schnittlauch ...)

Topfen mit Sauerrahm gut verrühren. Die frischen Kräuter waschen, trockentupfen und fein hacken.

Die Knoblauchzehen schälen und durch die Presse drücken und mit den anderen Zutaten vermischen.

Noch einmal gut abschmecken und mit gehackten Kräutern bestreuen.

Auberginenaufstrich

1 Aubergine
2 Knoblauchzehen
1 Becher Crème fraîche
1 Prise Salz
etwas Pfeffer

Aubergine schälen, in Scheiben schneiden und salzen.

Die gesalzene Aubergine ca. 30 Minuten stehen lassen, dann mit Küchenpapier abtupfen und weich dünsten.

Die Knoblauchzehen durch die Presse drücken und mit der gedünsteten Aubergine pürieren.

Die Crème fraîche dazugeben und mit Salz und Pfeffer abschmecken. Nochmals kurz durchmischen.

Avocadoaufstrich

1 Avocado
2 Limetten oder Zitronen
1 Prise Salz
etwas Pfeffer
etwas Tabasco

Avocado aushöhlen, das Fruchtfleisch mit einem Löffel herausschaben und dann mit einer Gabel fein zerdrücken.

Die Limetten oder Zitronen auspressen und den Saft sofort mit der Avocado vermischen.

Mit Salz, Pfeffer und Tabasco abschmecken.

Aufstrich
vom Räuchersaibling

ca. 400 g Räuchersaibling (Filets)
1 Spritzer Weißwein
1 Spritzer trockener Martini
Saft von 1/2 Zitrone
250 ml Schlagobers
2 Blatt Gelatine
Salz
Pfeffer

Fisch durch ein Sieb streichen, Gelatine in Wasser einweichen und den Weißwein erhitzen, dann die Gelatine darin auflösen.

Die in Weißwein aufgelöste Gelatine unter die Fischmasse rühren, anschließend den Martini und etwas Zitronensaft beigeben. Geschlagenes Obers unterheben und mit Salz und Pfeffer abschmecken. Einen halben Tag kalt stellen.

Der gute Tipp:
Servieren Sie diesen Aufstrich mit Sonnenblumenbrot.

Bärlauchaufstrich

250 g Topfen
2 EL Sauerrahm
100 g Bärlauch
etwas Salz
1 Knoblauchzehe

Topfen und Sauerrahm cremig rühren. Den Bärlauch waschen, trockentupfen und klein hacken.

Die Knoblauchzehe durch die Presse drücken und unter die Masse rühren, den gehackten Bärlauch ebenfalls unterrühren. Mit Salz abschmecken.

Der gute Tipp:

Bärlauch findet man zu Frühlingsbeginn in feuchten Laubwäldern. Die Blätter sind denen der giftigen Maiglöckchen sehr ähnlich, riechen aber eindeutig nach Knoblauch.

Bauernaufstrich

Den gewürfelten Speck auslassen und Zwiebel und Knoblauch leicht braun anrösten. Das flüssige Fett abseihen und auskühlen lassen.

Die Erdäpfel schälen, klein würfeln und im Öl frittieren, dann auf einem Küchentuch abtropfen lassen.

Das erkaltete Schmalz mit dem Mixer schaumig rühren. Den Sauerrahm, den Speck und die Erdäpfel untermischen und mit Salz, Pfeffer und Kümmel abschmecken.

250 g sehr fetter Bauchspeck

100 g Erdäpfel

1 fein geschnittene Zwiebel

4 fein gehackte Knoblauchzehen

2 EL Sauerrahm

Salz, Pfeffer

Kümmel

etwas Pflanzenöl zum Frittieren

Butter
mit Apfel & Zwiebel

Die handwarme Butter schaumig schlagen.

Den Apfel schälen, vom Kerngehäuse befreien und fein reiben. Die Zwiebel kleinwürfelig schneiden und in der Butter glasig dünsten. Den Apfel, die Zwiebel und die geriebenen Haselnüsse pürieren und unter die weich gerührte Butter mischen. Mit Senf, Salz und Paprikapulver würzig abschmecken.

100 g Butter

1 Apfel

1 Zwiebel

1 EL Butter

2 EL Haselnüsse

1 TL scharfer Senf

1 Prise Salz

1 TL Paprikapulver

Der gute Tipp:
In einem verschlossenen Glas 2 Tage im Kühlschrank haltbar.

Blutwurstaufstrich

2 Blutwürste
2 mehlige Erdäpfel
2 Knoblauchzehen
2 EL Sauerrahm
2 EL Crème fraîche
Liebstöckel
Salz, Pfeffer

Topf mit Salzwasser aufkochen, geschälten Knoblauch und Erdäpfel einlegen und weich kochen. Etwas auskühlen lassen und mit einer Gabel zerdrücken.

Sauerrahm und Crème fraîche mit einem Schneebesen glatt rühren. Blutwurst in kleine Würfel schneiden, Liebstöckel fein schneiden.

Alle Zutaten mit einer Gabel zerdrücken und mit Salz und Pfeffer abschmecken. Auf Brote streichen und mit einer dünnen Scheibe Blutwurst und Liebstöckel garnieren.

Camembert-Aufstrich
mit Walnüssen

4 Eckerl Camembert
150 g Butter
80 g Nüsse
1 Schuss Weinbrand
Zironensaft
1 Prise Salz
etwas Pfeffer

Camembert in kleine Würfel schneiden und dann mit der Butter verrühren. Die Hälfte der Nüsse grob hacken, die andere Hälfte fein hacken.

Nüsse mit Weinbrand und Zitronensaft unter die Butter-Käse-Masse rühren und mit Salz und Pfeffer würzen.

Der gute Tipp:
Mit (gedünsteten) Birnen und Schwarzbrot servieren.

Champignon-Aufstrich
mit Buchweizen

- 120 g Buchweizen
- 300 ml Wasser
- 200 g Champignons
- 1 TL Gemüsesuppe
- 150 g Zwiebeln
- 100 g Butter
- Schnittlauch
- Kräutersalz

Die ganzen Buchweizenkörner in Wasser ca. 5 Minuten kochen. Die Champignons und die Zwiebeln fein hacken und dazugeben.

Die Gemüsesuppe einrühren und das Ganze auf der warmen Platte ausquellen lassen, dann abkühlen.

Die Butter schaumig rühren und unter die ausgekühlte Masse mischen.

Mit Schnittlauch und Kräutersalz abschmecken.

Wissenswertes:

Buchweizen kommt eigentlich aus dem nordasiatischen Raum, hat aber mittlerweile in Nordeuropa weite Verbreitung gefunden. Er ist besonders reich an Stärke und Eiweiß.

Champignon-Aufstrich
mit Topfen

Den Topfen mit dem Sauerrahm glatt rühren.

Die Petersilie sowie die anderen Kräuter fein hacken. Die rohen Champignons fein schneiden.

Alles miteinander vermischen, eventuell noch pürieren und mit Kräutersalz abschmecken.

100 g Topfen
3 EL Sauerrahm
50 g Champignons
Petersilie
Dille
Basilikum
etwas Kräutersalz

Der gute Tipp:
Verwenden Sie nur ganz frische Champignons, denn sie sind knackiger.

Crostini
mit Käse

125 g Mozzarella
125 g Roquefort
100 g Parmesan
100 g Raclette
1 Bund Basilikum
etwas Pfeffer
Olivenöl
Weißbrot oder Mischbrot

Mozzarella gut abtropfen lassen und in kleine Würfel schneiden. Den Roquefort mit einer Gabel zerdrücken, den Parmesan frisch reiben und den Raclette grob raspeln. Alle 4 Käsesorten miteinander vermischen.

Das Basilikum waschen, fein hacken und unter die Käsemasse mischen. Mit Pfeffer pikant abschmecken.

Auf Weißbrot oder dünne Mischbrotscheiben streichen und mit Öl beträufeln. Im heißen Rohr so lange backen, bis der Käse leicht braun ist.

Crostini
mit Käse & Kräutern

200 g Emmentaler
1 Zwiebel
etwas Öl
1 Bund Schnittlauch
1 Bund Petersilie
1 Ei
1 Prise Salz
etwas Pfeffer
Weißbrot

Die Zwiebel fein hacken und in Öl glasig dünsten, dann abkühlen lassen. Den Emmentaler grob reiben, den Schnittlauch fein schneiden und die Petersilie ebenfalls fein hacken.

Alles miteinander vermischen und mit einem aufgeschlagenen Ei binden. Mit Salz und Pfeffer abschmecken.

Auf Weißbrot streichen und im vorgeheizten Backrohr überbacken, bis der Käse geschmolzen ist.

Crostini
mit Lauch

Die Zwiebel klein schneiden und in Öl glasig dünsten. Den fein geschnittenen Lauch dazugeben und ebenfalls weich dünsten. Den Käse grob reiben und dazugeben.

Alles vermischen und mit dem Ei binden. Mit Salz und Pfeffer abschmecken.

Auf schräg geschnittene Baguettescheiben streichen und im heißen Backrohr so lange überbacken, bis der Käse geschmolzen ist.

1 Stange Lauch

1 Zwiebel

etwas Öl

100 g Gouda oder Geheimratskäse

1 Ei

1 Prise Salz

etwas Pfeffer

Baguette

Crostini
mit Olivencreme

Die Oliven entkernen und klein schneiden. Die Sardellenfilets abtropfen lassen und ebenfalls klein schneiden.

Oliven, Sardellenfilets, Kapern, Pinienkerne und Olivenöl im Mixer oder mit dem Pürierstab fein zerkleinern. Die Creme mit Zitronensaft und Salz würzen.

Weißbrotscheiben toasten und mit Olivencreme bestreichen. Die Tomaten würfeln, auf die bestrichenen Brötchen geben und mit den Basilikumblättern verzieren.

200 g schwarze Oliven

2 Sardellenfilets

1 EL Kapern

1 EL Pinienkerne

1 Prise Cayennepfeffer

5 EL Olivenöl

1 EL Zitronensaft

Salz

Tomaten und Basilikumblätter zum Garnieren

Weißbrot

Crostini mit Rucola

100 g Rucola
2 Knoblauchzehen
1 EL gehackte Mandeln
etwas Salz
1 EL Olivenöl
Weißbrot

Rucola waschen, trockentupfen und klein schneiden oder hacken.

Die Knoblauchzehen durch die Presse drücken und mit dem Rucola vermischen.

Mit Salz abschmecken, das Olivenöl einrühren und mit den grob gehackten Mandeln verfeinern.

Auf Weißbrotscheiben streichen und im heißen Backrohr überbacken.

Wissenswertes:
Rucola ist ein Blattsalat aus Süditalien. Die länglichen Blätter schmecken leicht herb und nussartig.

Der gute Tipp:
Vor dem Backen mit geriebenem Parmesan bestreuen.

Eiaufstrich mit Sardinen

Acht Eier hart kochen, danach abschrecken, schälen und das Eiweiß von den Eidottern trennen.

Hart gekochte und rohe Eidotter mit Senf, Zitronensaft und Worcestersauce verrühren. Öl von den Sardinen und Olivenöl vorsichtig zu einer Mayonnaise einrühren.

Sardinen, Eiweiß und Petersilie fein hacken und vorsichtig unter die Masse mischen. Mit Salz, Pfeffer und fein geschnittener Petersilie nochmals abschmecken.

10 Eier
1 Dose Sardinen in Öl (125 g)
100 ml Olivenöl
Petersilie
Senf
Zitronensaft
Worcestersauce
Salz, Pfeffer

Ei-Avocado-Aufstrich

Das Ei 10 Minuten kochen, dann mit kaltem Wasser abschrecken, schälen und klein hacken.

Die Avocado aushöhlen, das Fruchtfleisch mit der Gabel zerdrücken und sofort mit dem Zitronensaft vermengen. Das Ei darunter mischen und mit Salz und Pfeffer abschmecken.

1 Avocado
1 Ei
1 EL Zitronensaft
etwas Salz
frisch gemahlener Pfeffer

Der gute Tipp:
Wenn Sie die Avocado sofort mit etwas Zitronensaft vermischen, behält sie ihre typische Farbe.

Ei-Essiggurken-Aufstrich

5 EL Butter
3 Eier
2 Essiggurken
1 kleine Zwiebel
1 TL Senf
etwas Salz
frisch gemahlener Pfeffer

Eier mit kaltem Wasser bedecken und zugedeckt zum Kochen bringen, 10 Minuten kochen lassen, dann mit kaltem Wasser abschrecken, schälen und mit einer Gabel zerdrücken.

Die Butter schaumig rühren und mit den Eiern, den klein geschnittenen Essiggurken und der fein gehackten Zwiebel verrühren.

Mit Salz, Senf und Pfeffer abschmecken.

Der gute Tipp:
Eignet sich auch besonders gut als Unterlage für belegte Brötchen.

Ei-Kräuter-Aufstrich

150 g Butter
125 g Topfen
2 EL Sauerrahm
6 Eier
1 TL Senf
etwas Pfeffer
1 TL Salz
Schnittlauch
Petersilie
Dille
Basilikum

Eier mit kaltem Wasser bedecken und zugedeckt 10 Minuten kochen. Die Eier mit kaltem Wasser abschrecken, schälen, fein hacken und auskühlen lassen.

Die Butter schaumig rühren, den Topfen und den Sauerrahm zufügen und gut verrühren.

Die frischen Kräuter fein hacken und unter die Masse heben. Mit Salz, Senf und Pfeffer abschmecken.

Der gute Tipp:

Eine pikantere Variante erhalten Sie, wenn Sie gehackte Essiggurken und fein geschnittene Zwiebel einrühren.

Ei-Pfefferoni-Aufstrich

5 Eier

3 milde oder 1 scharfer Pfefferoni

150 g Mayonnaise

1 Prise Salz

etwas Pfeffer

Eier zugedeckt 10 Minuten kochen lassen, mit kaltem Wasser abschrecken und schälen.

Die Pfefferoni entkernen und klein schneiden. Es sieht auch sehr gut aus, wenn Sie für diesen Aufstrich rote Pfefferoni verwenden.

Die Eier grob schneiden, mit dem klein geschnittenen Pfefferoni vermischen und die Mayonnaise einrühren.

Mit Salz und frisch gemahlenem Pfeffer würzen.

Ei-Pfefferoni-Aufstrich und Olivenpaste (S. 67) >

Ei-Tomaten-Aufstrich

5 Eier
1 Zwiebel
1 Becher Crème fraîche
2 Tomaten
1 Prise Salz
etwas Pfeffer
Petersilie

Die Eier 10 Minuten kochen, mit kaltem Wasser abschrecken, schälen und hacken.

Die Zwiebel klein schneiden und mit den Eiern unter die Crème fraîche rühren. Die Tomaten sehr klein schneiden und dazugeben.

Mit Salz und Pfeffer abschmecken, auf Brote streichen und diese mit der gehackten Petersilie bestreuen.

Ei-Topfen-Aufstrich

250 g Topfen
1–2 EL Sauerrahm
5 Eier
1 TL Salz
1 Bund Schnittlauch

Eier mit kaltem Wasser bedecken und zugedeckt zum Kochen bringen. 10 Minuten kochen lassen, kalt abschrecken und schälen. Eier mit der Gabel grob zerdrücken und kurz überkühlen lassen.

Den Topfen mit dem Sauerrahm gut verrühren.

Den Schnittlauch fein schneiden und alles miteinander vermischen. Zuletzt noch mit Salz abschmecken.

Der gute Tipp:
Schmeckt mit etwas Paprikapulver pikanter.

Entenstreichwurst
mit Pistazien

400 g Entenkeulen ohne Knochen

1 Zwiebel

2 Knoblauchzehen

100 g Leber

2 Semmeln

50 g geschälte Pistazien

etwas Milch zum Einweichen

1 EL Butter

Majoran

Salz, Pfeffer

Klein geschnittene Entenhaut mit Butter in eine Pfanne geben und Fett zerlaufen lassen. Fein geschnittene Zwiebel, Knoblauch, Leber und Majoran dazugeben und dünsten.

Semmeln in Milch einweichen und ausdrücken, zusammen mit Fleisch und Leber (mit Zwiebel und Fett) fein faschieren.

Pistazien hacken und dazugeben, anschließend mit Salz und Pfeffer abschmecken.

Die Masse auf Butterbrotpapier geben und zu einer Wurst formen. Einrollen, an beiden Enden und in der Mitte mit einem Spagat gut zubinden.

In einem Topf Salzwasser aufkochen, die Wurst einlegen und ziehen lassen. Nach ca. 20 Minuten die Streichwurst herausnehmen und abkühlen lassen. Zur Überprüfung kann man die Wurst mit einer feinen Nadel anstechen. Ist die austretende Flüssigkeit klar, so ist die Streichwurst gar.

Der gute Tipp:

Servieren Sie die Entenstreichwurst mit Toskanabrot.

Erdäpfelaufstrich
mit Mayonnaise

350 g speckige Erdäpfel
150 g Essiggurken
2 Eier
200 g Mayonnaise
1 Prise Salz
etwas Senf
weißer Pfeffer

Die Erdäpfel kochen, schälen und noch warm reiben.

Die Essiggurken klein schneiden, die Eier kochen, mit kaltem Wasser abschrecken und schälen.

Die Eier klein schneiden und mit den Erdäpfeln und den geschnittenen Essiggurken in die Mayonnaise einrühren.

Mit Salz, Pfeffer und Senf abschmecken. Bei Bedarf noch einen Schuss Essiggurkenmarinade dazugeben.

Der gute Tipp:
Servieren Sie dunkles Brot dazu.

Erdäpfelaufstrich und Rote-Bohnen-Aufstrich (S. 72) >

Feueraufstrich

250 g Topfen
50 g Butter
1 Eidotter
3 EL scharfes Ketchup
2 EL scharfer Senf
1 Prise Paprikapulver, scharf
1 Prise Curry
1 kleine Zwiebel
etwas Salz

Die Zwiebel klein schneiden.

Topfen und Butter glatt rühren, dann den hart gekochten Eidotter mit der Gabel zerdrücken und in die Topfenmasse rühren.

Ketchup, Senf, klein gehackte Zwiebel und die Gewürze einrühren. Gut abschmecken und ziehen lassen.

Der gute Tipp:
Dieser Aufstrich schmeckt besonders gut mit Vollkornbrot.

Frühlingsaufstrich

100 g Butter

250 g Topfen

1 Zwiebel

Wildkräuter (Veilchenblätter, Spitz- oder Breitwegerich, Melissenblätter, Brennnessel, Kapuzinerkresse, Schafgarbe)

Schnittlauch

Petersilie

Thymian

Gänseblümchen und Veilchen zum Garnieren

etwas Salz

Die Zwiebel klein schneiden, die Kräuter waschen, trockentupfen und ebenfalls fein hacken.

Den Topfen mit der weichen Butter aufschlagen. Klein geschnittene Zwiebel und die Kräuter unter die Topfenmasse mischen. Mit Salz abschmecken.

Zum Garnieren die Blüten der Gänseblümchen und der Veilchen verwenden.

Der gute Tipp:

Verwenden Sie nur die ganz jungen Blätter der Wildkräuter, die dunkleren schmecken oft bitter.

Ganslaufstrich

400 g abgeschöpftes Fett von einem Ganslbraten

100 g frische Gänseleber

1 Zwiebel

1 saurer Apfel

1 Knoblauchzehe

frischer Majoran

Salz, Pfeffer

Calvados

Ganslfett einen Tag lang im Kühlschrank kalt stellen.

Etwas Fett in eine Pfanne geben, fein gewürfelte Leber, Zwiebel, Apfel und Knoblauch anrösten, mit Calvados ablöschen und dann auskühlen lassen.

Fett mit Mixer schaumig aufschlagen. Leber pürieren und unter die Masse mischen.

Frisch gezupfte Majoranblätter darunter mischen und mit Salz und Pfeffer abschmecken.

Der gute Tipp:
Ganslaufstrich schmeckt vorzüglich mit Maronibrot.

Gemüsetopfen

Den Topfen mit der Milch zu einer streichfähigen Masse rühren.

Den Schnittlauch fein schneiden, Petersilie und die anderen Kräuter fein hacken. Die Knoblauchzehen schälen und durch die Presse drücken. Kräutersalz, Curry, Sojasauce und Muskatnuss einrühren.

Das Mischgemüse mit etwas Butter dünsten und erkalten lassen. Die Mayonnaise und das Gemüse unter die Topfenmasse mischen und nochmals abschmecken.

125 g Topfen

3 EL Mayonnaise

2 EL Milch

200 g Mischgemüse nach Wahl

etwas Butter

Petersilie, Schnittlauch

Dille, Kresse

Basilikum

Kräutersalz

1 Prise Curry

1–2 Knoblauchzehen

etwas Sojasauce

1 Prise Muskatnuss

Der gute Tipp:

Diese Masse eignet sich besonders gut zum Füllen von Paprikaschoten und Tomaten.

Gemüseaufstrich

50 g Karotten
50 g Salatgurke
50 g Gelbe Rüben
50 g Sellerie
50 g Zuckererbsen
200 g Mayonnaise (50 %)
2 EL Sauerrahm
1 EL fein gehackte Petersilie
Salz, Zucker
weißer Pfeffer
Worcestersauce
Senf

Karotten, Sellerie, Erbsen und Gelbe Rüben kochen, die Gurke schälen.

Gemüse kleinwürfelig schneiden, mit Mayonnaise, Sauerrahm, Erbsen, Petersilie und Gewürzen vermengen und ca. 1 Stunde anziehen lassen.

Der gute Tipp:
Eignet sich gut als Beilage für Eiergerichte, Bratenstücke (Roastbeef) und schmeckt besonders gut auf Weißbrot.

Gewürztopfen

250 g Topfen
3 EL Sauerrahm
etwas Kren
gemahlener Kümmel
frischer Koriander
1 Zwiebel
1 Knoblauchzehe
1 Prise Salz
1 Prise Paprikapulver, scharf
Neugewürz, Muskatnuss

Den Topfen mit dem Sauerrahm glatt rühren.

Den Kren fein reißen, den frischen Koriander waschen, trockentupfen und fein hacken.

Die Zwiebel fein schneiden und mit allen anderen Gewürzen unter die Topfenmasse rühren. Würzig abschmecken und auf Zwiebelbrot servieren.

Mit frischen Korianderblättchen garnieren (Foto S. 45).

Gorgonzola-Aufstrich
mit Avocado

1 reife Avocado
100 g Gorgonzola
etwas Zitronensaft
frisch gemahlener Pfeffer

Den zimmerwarmen Gorgonzola mit der Gabel zerdrücken. Die Avocado aushöhlen, das Fruchtfleisch mit einer Gabel zerdrücken und sofort mit dem Zitronensaft beträufeln.

Die Avocado mit dem Gorgonzola vermischen und mit Pfeffer abschmecken.

Der gute Tipp:
Dieser Aufstrich schmeckt vorzüglich mit Vollkornbrot.

Gorgonzolabutter

150 g Gorgonzola
125 g Butter
2 cl Traubenbrand
etwas Pfeffer

Gorgonzola auf Zimmertemperatur bringen und mit der Gabel etwas zerdrücken.

Die weiche Butter schaumig rühren und den Käse einrühren. Den Traubenbrand unter ständigem Rühren dazugeben. Zuletzt mit etwas Pfeffer abschmecken (Foto S. 45).

Der gute Tipp:
Eine schmackhafte Vorspeise ergibt es, wenn man die Gorgonzolabutter mit gedünsteten Birnen serviert.

Gorgonzolacreme

100 g Gorgonzola
125 g Gervais
2 EL Schlagobers
1 Bund Petersilie
1 Prise Salz
etwas Pfeffer

Den Gervais mit dem Schlagobers verrühren.

Gorgonzola mit einer Gabel fein zerdrücken und mit dem Gervais vermischen.

Petersilie waschen, trockentupfen und fein hacken. 1 EL Petersilie zur Seite geben.

Alle Zutaten miteinander verrühren und mit Salz und Pfeffer abschmecken. Mit der restlichen gehackten Petersilie garnieren.

Der gute Tipp:
Diese Gorgonzolacreme eignet sich besonders gut zum Füllen von Champignons und Tomaten.

Grünkernaufstrich
mit Kräutern

100 g Grünkern
200 ml Gemüsesuppe
3 Zwiebeln
80 g Butter
1 TL Kräutersalz
3 EL Majoran
1 TL Basilikum
1 TL Thymian
1 TL Koriander
1 Prise Pfeffer

Den geschroteten Grünkern in die Gemüsesuppe einrühren, aufkochen lassen und 15 Minuten quellen lassen.

Die Zwiebeln sehr fein hacken, mit Butter und Salz unter den Grünkernschrot ziehen und auskühlen lassen.

Die Gewürze unter die abgekühlte Masse kneten und gut abschmecken.

Der gute Tipp:
Verwenden Sie diesen Aufstrich mit anderen kombiniert für Pumpernickelwürfel. Dabei ist es besonders wichtig, diese vor dem Schneiden mindestens acht Stunden kalt zu stellen oder sie kurz in den Tiefkühler zu geben.

Pumpernickelwürfel mit Grünkernaufstrich, Gorgonzolabutter (S. 42) und Gewürztopfen (S. 40) >

Gurkenaufstrich

1 Salatgurke
250 g Topfen
3 EL Mayonnaise
1 EL Kren
1 EL Petersilie
2 Knoblauchzehen
1 Prise Salz
etwas Pfeffer

Die Salatgurke schälen, entkernen und raspeln.
Gut salzen, stehen lassen und nach ca. 10 Minuten ausdrücken.

Den Topfen mit der Mayonnaise cremig rühren und die geriebene Gurke einrühren.

Die Petersilie fein hacken, die Knoblauchzehen schälen und zerdrücken. Petersilie, Kren und Knoblauch der Masse beimengen.

Mit Salz und Pfeffer abschmecken.

Gurkenaufstrich und Kaviarcreme (S. 60) >

Hirschstreichwurst

250 g Hirschfleisch (Schulter)
250 ml Rotwein
Lorbeerblatt
Wacholderbeeren
Thymian
250 g fetter Bauchspeck
1 Zwiebel
4 Knoblauchzehen
2 Semmeln
Milch
Butter
frischer Thymian
Salz, Pfeffer

Rotwein, Lorbeerblatt, Wacholderbeeren und Thymian aufkochen und auskühlen lassen. Hirschfleisch würfelig schneiden, in den Rotwein einlegen und darin zwei bis drei Tage marinieren.

Semmeln in Milch einweichen und gut ausdrücken.

In Würfel geschnittenen Speck mit Butter zergehen lassen. Zwiebel und Knoblauch fein schneiden und ebenfalls andünsten.

Alles zusammen fein faschieren und anschließend mit Thymian, Salz und Pfeffer abschmecken. Die Masse auf ein Butterbrotpapier geben, zu einer Wurst formen und mit dem Papier einrollen. An beiden Enden und in der Mitte mit einem Spagat fest zubinden. In einen Topf mit kochendem Salzwasser geben und ziehen lassen.

Um zu überprüfen, ob sie gar ist, die Wurst mit einer feinen Nadel anstechen. Ist die Flüssigkeit, die austritt, klar, ist die Wurst fertig. Herausnehmen und auskühlen lassen.

Der gute Tipp:
Schwarzbierbrot schmeckt vorzüglich zu diesem Aufstrich.

Hühneraufstrich
mit Curry

200 g Fleischreste vom Brathuhn

6 Eier

200 g Mayonnaise

Curry

Salz, Pfeffer

eventuell etwas Bratensaft, sofern vorhanden

etwas Weißwein

Cognac

Eier hart kochen und mit kaltem Wasser abschrecken.

Eidotter mit fein gehacktem Hühnerfleisch, etwas Weißwein, etwas Bratensaft und einem Spritzer Cognac mit einem Stabmixer pürieren.

Eiweiß hacken und dazugeben, Mayonnaise einrühren. Mit Curry, Salz und Pfeffer abschmecken.

Der gute Tipp:
Der Küchenchef empfiehlt dazu Sojabrot.

Hühnerleberaufstrich

500 g Hühnerleber

100 g Butter

200 g weißer Speck

100 g Zwiebeln

1 Knoblauchzehe

Salz, Majoran, Pfeffer

Orangenschale

2 EL Cognac

Zwiebeln und Knoblauch fein hacken. In Butter mit Hühnerleber anrösten, würzen und kalt stellen.

Danach alles fein faschieren und glatt rühren, nochmals pikant abschmecken.

Der gute Tipp:
Auf frischen Sesamweckerln oder Bauernbrot servieren.

Hummus

Kichererbsen mindestens 12 Stunden in Wasser einweichen, dann in Gemüsesuppe kochen. (Bei Kichererbsen aus der Dose fällt das Kochen weg).

Die Kichererbsen abkühlen lassen, abseihen und mit nur wenig Suppe pürieren. Die Knoblauchzehe schälen, zerdrücken und mit den Gewürzen kurz pürieren, dann in die Kichererbsen-Masse einrühren.

100 g Kichererbsen
300 g Gemüsesuppe
1 TL Tahin
1 Knoblauchzehe
etwas Zitronensaft
1 Prise Kurkuma
1 Prise Cayennepfeffer
1 TL Curry

Der gute Tipp:

Tahin wird im Orient als Küchengewürz sehr geschätzt. Es ist Sesampaste, die bitter-würzig schmeckt.

Kalbsleberaufstrich

250 g Kalbsleber
250 g Butter
3 Eier
1 Schuss Cognac
1 Schuss Madeira
frischer Thymian
Rosmarin
Salz, Pfeffer

Kalbsleber in kleine Würferl schneiden und über Nacht mit Rosmarin, Thymian, Cognac und Madeira marinieren.

Butter klein schneiden, in einen Topf geben und zergehen lassen. Leicht erhitzen, sodass die Butter klar wird, anschließend auskühlen lassen.

Leber von Kräuterzweigen säubern und mit den Eiern und der Butter mit einem Pürierstab mixen, anschließend mit Salz und Pfeffer abschmecken.

Ein feuerfestes Geschirr mit kochendem Wasser anfüllen. Kastenform oder Rehrückenform mit Aluminiumfolie auslegen, Masse eingießen und diese in das feuerfeste Geschirr stellen.

Im Backrohr bei 80 °C etwa 30 Minuten pochieren. Abkühlen lassen und aufs Brot streichen.

Der gute Tipp:
Servieren Sie den Kalbsleberaufstrich mit Brioche.

Käseaufstrich

200 g Käsereste
1 Zwiebel
Schnittlauch
2 EL weiche Butter
1 Essiggurke
1 rote Paprikaschote
1 Knoblauchzehe
1 Prise Salz
etwas Pfeffer

Harte Käsereste grob raffeln, Weichkäse mit der Gabel zerdrücken. Die Zwiebel und die Essiggurke klein schneiden.

Den Schnittlauch ebenfalls fein schneiden und alles mit der Butter vermischen. Mit Knoblauch, Salz und Pfeffer pikant abschmecken.

Zum Schluß noch den Paprika würfelig schneiden und unterrühren.

Der gute Tipp:
Mit Weintrauben garniert ist das ein wahrer Genuss.

Käsepastete

400 g Gervais
150 g Sauerrahm
8 schwarze Oliven
1 Prise Salz, etwas Pfeffer
2 Bund frisches Basilikum
80 g Sonnenblumenkerne
3 EL Parmesan
200 g Gouda
4 EL Olivenöl

Den Sauerrahm mit dem Gervais vermischen.

Die Oliven entkernen und ganz fein hacken. Mit Salz und Pfeffer verrühren. Basilikum waschen, trockentupfen, fein hacken und zusammen mit den Sonnenblumenkernen, dem geriebenen Parmesan mit der Olivenmasse vermischen. Das Olivenöl einrühren.

Eine kleine Kastenform mit Klarsichtfolie auslegen, anschließend den Boden und die Wände mit dem in Scheiben geschnittenen Gouda auskleiden.

Die Hälfte der Paste darauf verteilen und mit Käsescheiben abdecken. Die halbe Masse des Frischkäses darauf verteilen und abdecken.

Vorgänge wiederholen und mit Käsescheiben abdecken. Pastete im Kühlschrank ca. 4 Stunden durchziehen lassen.

Vor dem Servieren auf eine Platte stürzen und die Folie vorsichtig abziehen.

Karfiolaufstrich

250 g Karfiol
130 g Butter
etwas Pfeffer
1 Prise Salz
Curry
1 Zwiebel
etwas Schnittlauch

Den Karfiol in Salzwasser weich dünsten, dann mit einer Gabel zerdrücken.

Die Butter weich rühren und mit dem Karfiol vermischen. Die Zwiebel klein schneiden und zur Karfiolmasse geben.

Mit Salz, Pfeffer und Curry pikant abschmecken und mit Schnittlauch garnieren.

Der gute Tipp:
Für diesen Aufstrich können Sie auch Romanesco verwenden, das gibt eine schönere, frischere Farbe.

Karottenaufstrich

250 g Gervais
1 Bund Schnittlauch
1 Bund Petersilie
4 EL Sonnenblumenkerne
1 EL Öl
3 EL Sauerrahm
300 g Karotten
1 Prise Salz
etwas Thymian

Schnittlauch fein schneiden und die Petersilie klein hacken. Den Gervais mit dem Sauerrahm und dem Öl gut verrühren. Die Karotten waschen, putzen und auf der feinen Gemüseraffel reiben.

Die Karotten unter die Gervaismasse rühren und würzen. Schnittlauch und Petersilie, sowie Thymian und Sonnenblumenkerne unter die Masse geben und pikant abschmecken.

Der gute Tipp:
Vor dem Servieren mit frischem Schnittlauch oder Petersilie bestreuen.

Kaviarcreme

200 g Frischkäse
1 Prise Salz
frisch gemahlener Pfeffer
1 Glas deutscher Kaviar

Den Frischkäse glatt rühren und mit Salz und Pfeffer würzen. Kaviar untermischen, 2 EL davon zuvor zum Garnieren auf die Seite geben.

Masse mit einem Spritzsack auf Cracker oder Baguette aufspritzen oder auf getoastetem Brot anrichten. Mit dem beiseite gestellten Kaviar garnieren (Foto S. 47).

Der gute Tipp:
Diese Kaviarcreme eignet sich besonders gut für Sektfrühstück und Brunch.

Knoblauch-Erdäpfel-Paste

250 g festkochende Erdäpfel
2 Knoblauchzehen
2 EL Olivenöl
1 EL Zitronensaft
etwas Salz
Schnittlauch

Die Erdäpfel mit der Schale weich kochen, heiß schälen und noch heiß durch die Erdäpfelpresse drücken. Die Knoblauchzehen zerdrücken und in die Erdäpfelmasse einrühren.

Olivenöl und Zitonensaft unterrühren und mit Salz abschmecken. Mit frischem, fein geschnittenem Schnittlauch bestreuen.

Krentopfen

80 g Butter
250 g Topfen
125 ml Sauerrahm
1 Eidotter
4 EL Kren
1 Prise Salz
etwas Pfeffer
Kapern
Schnittlauch

Butter auf Handwärme bringen und dann mit dem Topfen flaumig rühren. Den Sauerrahm dazugeben und kurz verrühren.

Den hart gekochten Eidotter passieren oder mit einer Gabel zerdrücken. Kapern fein hacken und den Schnittlauch fein schneiden.

Passierten Dotter, geriebenen Kren, Salz, Pfeffer, Kapern und Schnittlauch unter die Topfenmasse rühren.

Ca. 30 Minuten stehen lassen, damit der Kren durchziehen kann. Nochmals abschmecken.

Der gute Tipp:
Sie können natürlich auch Kren aus dem Glas verwenden, wenn Sie keinen frischen Kren zur Hand haben.

Kürbiskernaufstrich

250 g Frischkäse
4 EL Kürbiskerne
4 EL Kernöl
1 Prise Salz
etwas Pfeffer
Zitronensaft

Den Frischkäse glatt rühren.

Die Kürbiskerne in der trockenen Pfanne kurz rösten und salzen, dann grob hacken und mit dem Kernöl unter die Frischkäsemasse mischen.

Mit Salz und Pfeffer abschmecken. Je nach Belieben kann man noch mit etwas Zitronensaft verfeinern (Foto S. 85).

Der gute Tipp:
Schmeckt gut zu Grahambrot oder auch zu gekochten Erdäpfeln.

Lauch-Nuss-Butter

100 g Lauch
100 g Nüsse
50 g Karotten
200 g Butter
1 Prise Salz
etwas Majoran

Den Lauch waschen und in kleine Ringe schneiden. Die Nüsse fein reiben, ebenfalls die Karotten.

Butter cremig rühren. Lauch, Nüsse und Karotten unter die Butter mischen und mit Majoran und Salz kräftig abschmecken.

Der gute Tipp:
Dieser Aufstrich schmeckt am besten ganz frisch auf ein Sonnenblumenbrot gestrichen.

Linsenaufstrich
mit Gurke

Linsen in einen Topf geben, gut mit kaltem Wasser abdecken und über Nacht stehen lassen.

Fein geschnittene Zwiebel, Knoblauch, Karotte und Staudensellerie in einer Pfanne mit Olivenöl anschwitzen und die Linsen dazugeben. Mit Balsamicoessig ablöschen und mit Wasser aufgießen.

Vorsichtig und nicht zu viel salzen, denn das Wasser reduziert sich noch. Lorbeerblatt dazugeben und so lange kochen, bis die Linsen weich sind, dann auskühlen lassen und die Linsen durch ein Sieb streichen.

Butter und Crème fraîche schaumig rühren, Linsen darunter mischen.

Gurke schälen, mit einem Teelöffel die Kerne entfernen, in kleine Würfel schneiden und ebenfalls unter die Masse heben. Zuletzt mit Salz und Pfeffer abschmecken.

400 g Linsen
1 Zwiebel
1 Knoblauchzehe
1 Karotte
1 Stange Staudensellerie
250 g Butter
125 g Crème fraîche
Lorbeerblatt
1 Salatgurke
Balsamicoessig
etwas Wasser
Salz, Pfeffer
Olivenöl

Der gute Tipp:
Servieren Sie diesen Aufstrich mit Tirolerbrot.

Linsen-Apfel-Aufstrich

100 g Linsen
200 g Gemüsesuppe
1 kleine Zwiebel
1 kleiner Apfel
150 g Topfen oder Frischkäse
etwas Salz
Bohnenkraut
etwas Butter

Die Linsen über Nacht einweichen, dann abseihen und in der Gemüsesuppe weich kochen. Wenn's schneller gehen soll, können Sie auch Linsen aus der Dose verwenden.

Die Zwiebel und den Apfel klein schneiden und in etwas Butter weich dünsten. Aus dem Fett nehmen und abkühlen lassen.

Linsen, Zwiebel, Apfel und Topfen cremig rühren und mit Salz und Bohnenkraut kräftig abschmecken.

Liptauer

250 g Brimsen (ersatzweise Topfen)
50 g weiche Butter
1 Zwiebel
1 TL Kapern
1 Sardellenfilet
2 Pfefferoni
1 TL Paprikapulver, edelsüß
1 Prise Salz
etwas Kümmel

Die Zwiebel klein schneiden, ebenso die Kapern, die Pfefferoni und das Sardellenfilet.

Den Brimsen mit der Butter gut verrühren, Zwiebel, Kapern, Sardellen und Pfefferoni hinzufügen und gut cremig rühren. Mit Salz, Kümmel und Paprika abschmecken.

Der gute Tipp:
Für einen schärferen Aufstrich nehmen Sie scharfen Paprika und geben Sie noch etwas scharfen Senf dazu. Brimsen ist ein Schafstopfen und ist nur im Sommer erhältlich.

Linsen-Apfel-Aufstrich und Rote-Linsen-Aufstrich (S. 72) >

Mandelpaste

100 g Butter
200 g geriebene Mandeln
1–2 Knoblauchzehen
1 TL Estragon
1 Prise Salz
etwas Pfeffer

Die zimmerwarme Butter cremig rühren, die geriebenen Mandeln dazugeben.

Die Knoblauchzehen schälen, zerdrücken und mit dem Estragon unter die Butter mischen. Mit Salz und Pfeffer abschmecken.

Der gute Tipp:
Passt gut auf Chips oder Tacos.

Nusscreme

100 g Butter
200 g Nüsse (wahlweise Walnüsse, Haselnüsse, Pistazien oder Pinienkerne)
1 kleine Zwiebel
1 Prise Salz
etwas Pfeffer
Majoran
Muskatnuss

Die Butter schaumig rühren.

Die Zwiebel klein schneiden und die Nüsse mittelfein hacken. Einige Nüsse beiseite geben und als Dekoration verwenden. Die gehackte Zwiebel und die Nüsse nach Wahl unter die Buttermasse rühren und mit den Gewürzen pikant abschmecken (Foto S. 71).

Der gute Tipp:
Auf Cracker dressieren und ein Glas Wein dazu reichen.

Obatzter

Den Käse von der eventuell schon festeren Rinde befreien und mit einer Gabel zerdrücken. Die Butter weich rühren, den Camembert und das Bier dazurühren.

Die Zwiebel fein schneiden und mit Paprika, Kümmel, Salz und Pfeffer unter die Käsemasse mischen. Nochmals abschmecken und mit feinen Schnittlauchröllchen servieren.

- 250 g sehr weicher Camembert
- 80 g Butter
- 2 EL helles Bier
- 1 kleine Zwiebel
- 1 TL Paprikapulver, edelsüß
- 1 Prise gemahlener Kümmel
- etwas Pfeffer
- 1 Prise Salz
- Schnittlauch

Der gute Tipp:

Auf frischem Bauernbrot oder zu Bierbrezeln servieren.

Olivenpaste

Die Oliven entkernen und sehr fein hacken. Auch die Kapern und Sardellen in kleine Stücke schneiden. Die Knoblauchzehen schälen und durch die Presse drücken.

Alles zusammen mit dem Olivenöl im Mixbecher pürieren (nicht zu fein). Mit Salz und Pfeffer kräftig abschmecken (Foto S. 29).

- 200 g schwarze Oliven
- 100 g Kapern
- 50 g Sardellen oder 2 EL Sardellenpaste
- 4 Knoblauchzehen
- 4–5 EL Olivenöl
- 1 Prise Salz
- etwas Pfeffer

Parmesancreme

150 g weiche Butter
150 g Parmesan
2 EL Weißwein
1 Prise Salz
etwas Pfeffer
Kresse zum Garnieren

Den Parmesan fein reiben und unter die weiche Butter mischen. Den Wein dazurühren und mit Salz und Pfeffer abschmecken.

Auf Brötchen streichen und mit Kresse garnieren.

Der gute Tipp:
Auf frischem Nussbrot servieren.

Pfefferoniaufstrich

10 große eingelegte Pfefferoni
1 scharfer frischer Pfefferoni
100 g Mayonnaise
2 Eier
100 g Topfen
4 große Essiggurken
1 Prise Salz
etwas Worcestersauce

Die Pfefferoni entkernen und in kleine Würfel schneiden.

Die hart gekochten Eier zweimal durch den Eierschneider drücken und zu den Pfefferoni geben. Die Essiggurken fein würfeln und mit Salz, Mayonnaise, Worcestersauce und dem Topfen zu den Pfefferoni geben.

Alles gut verrühren und nochmals abschmecken.

Der gute Tipp:
Passt am besten auf kräftiges Roggenbrot oder auch auf Tacos als Snack für zwischendurch.

Pfefferoniaufstrich >

Pinienkerncreme

100 g Butter
200 g Pinienkerne
1 kleine Zwiebel
5 EL Tomatenmark
1 roter Pfefferoni
1 Prise Salz
etwas Pfeffer

Die weiche Butter verrühren. Die Zwiebel und den roten Pfefferoni klein schneiden. Die Pinienkerne klein hacken.

Zwiebel, Pfefferoni, Tomatenmark und die Pinienkerne unter die Buttermasse rühren und pikant abschmecken.

Der gute Tipp:
Wer´s gern scharf mag, nimmt scharfes Ketchup dazu.

Pistaziencreme

100 g Butter
200 g Pistazien
etwas Pfeffer
1 Prise Salz
1 Zwiebel
Petersilie
1 Essiggurke

Die Butter schaumig rühren.

Die Pistazien je nach Belieben grob hacken oder auch fein mahlen. Die Zwiebel fein schneiden, Petersilie fein hacken, die Essiggurke ebenfalls klein schneiden.

Alles unter die schaumig gerührte Butter mischen und mit Salz und Pfeffer abschmecken.

Der gute Tipp:
Die Pistaziencreme schmeckt besonders fein auf Pumpernickel.

Pistaziencreme, Pinienkerncreme und Nusscreme (S. 66) >

Rote-Bohnen-Aufstrich

- 100 g rote Bohnen
- 250 g Gemüsesuppe
- 3 EL Haselnüsse
- 100 g Butter
- 2 EL Sauerrahm
- Zitronensaft
- 1 Prise Salz
- Bohnenkraut

Bohnen über Nacht in Wasser einweichen, dann abseihen und in der Gemüsesuppe kochen, bis sie sehr weich sind.

Bohnen pürieren oder faschieren und mit der weichen Butter vermischen. Den Sauerrahm einrühren. Haselnüsse fein reiben, mit den Gewürzen vermischen und unter die Bohnenmasse rühren (Foto S. 33).

Der gute Tipp:
Sie können auch Bohnen aus der Dose verwenden, müssen diese jedoch auch noch in der Suppe weicher kochen.

Rote-Linsen-Aufstrich

- 100 g rote Linsen
- 200 ml Wasser
- 100 g Frischkäse oder Schafskäse
- 80 g Zwiebeln
- 100 g Tomaten
- 1 EL Gomasio (Sesamsalz)
- 1 EL Apfelessig
- 1 EL Thymian
- 1 TL Paprikapulver, edelsüß
- 1 Prise Salz
- etwas Koriander
- frisch gemahlener Pfeffer

Rote Linsen im Wasser aufkochen, 10 Minuten köcheln lassen, 30 Minuten nachquellen lassen und anschließend abkühlen.

Zwiebeln in feine Ringe schneiden und die Tomaten würfeln. Die ausgekühlten Linsen mit einer Gabel fein zerdrücken und alles mit dem Frischkäse verrühren.

Mit Gomasio und Apfelessig verrühren und mit Salz, Thymian, Paprika, Pfeffer und Koriander abschmecken (Foto S. 65).

Rote-Rüben-Aufstrich

Die Roten Rüben und den Apfel schälen und auf der Gemüseraffel fein reiben.

Crème fraîche mit Kren und Zimt gut verrühren. Die Roten Rüben und den Apfel untermengen und mit Salz und Pfeffer gut abschmecken.

100 g gekochte Rote Rüben

1 Apfel

100 g Crème fraîche

1 TL Kren

1 TL Zimt

1 Prise Salz

frisch gemahlener Pfeffer

Der gute Tipp:

Garnieren können Sie mit einem Tupfer Crème fraîche und Petersilie.

Rohkostaufstrich

- 50 g Butter
- 1 Karotte
- 1 kleine Sellerieknolle
- 2–3 Radieschen
- Petersilie
- 1 Knoblauchzehe
- 1 Prise Salz

Die Karotte waschen und auf der Gemüseraffel fein reiben.

Die Sellerieknolle schälen, die Radieschen waschen, vom Grün befreien und beides ebenfalls fein raffeln.

Die zimmerwarme Butter weich rühren und das geraffelte Gemüse und die fein gehackte Petersilie unterrühren.

Zuletzt mit Salz und Knoblauch abschmecken.

Der gute Tipp:
Dazu schmeckt Vollkornbrot vorzüglich. Mit Blattsalat, Karotten und Radieschen garniert sieht es besonders frisch aus.

Rotkrautaufstrich

500 g Rotkraut
1 EL Zitronensaft
2 Gewürznelken
2 EL Butter
1 EL Zucker
125 ml Rotwein
250 ml Schlagobers
2 EL Walnüsse
1 Prise Salz
etwas Pfeffer

Vom Rotkraut die äußeren Blätter und den Strunk entfernen. Das Kraut ganz fein hobeln und salzen und pfeffern.

Zitronensaft und Nelken dazugeben und ca. 20 Minuten rasten lassen.

Die Butter erhitzen, den Zucker darin karamelisieren lassen und mit dem Rotwein löschen.

Das Kraut hineingeben und bei mittlerer Hitze ca. 20 Minuten weich dünsten. Das Schlagobers dazugießen und weitere 20 Minuten einkochen.

Die Nelken entfernen und die Masse auskühlen lassen. Die Walnüsse untermischen und mit Salz und Pfeffer abschmecken.

Der gute Tipp:
Auf Weißbrot servieren und mit gehackten Walnüssen garnieren.

Schafskäse-Aufstrich
mit Rucola

250 g griechischer Schafskäse
1 Bund Rucola
2 EL Sauerrahm
etwas Salz
1 Knoblauchzehe

Den Schafskäse mit der Gabel zerdrücken und mit dem Sauerrahm glatt rühren.

Den Rucola waschen, trockentupfen und fein hacken.

Die Knoblauchzehe schälen, durch die Presse drücken und zusammen mit dem Rucola unter die Schafskäsemasse geben. Je nach Würze des Schafskäses noch mit etwas Salz abschmecken.

Der gute Tipp:
Mit einem Fladenbrot und einem Glas Rotwein werden Urlaubsträume wieder wach.

Schafskäsecreme

125 g Butter
200g Schafskäse
3 Knoblauchzehen
2 Tomaten
1 /2 kleine Zwiebel
1 Prise Salz
etwas Pfeffer
10 Oliven

Die zimmerwarme Butter schaumig rühren. Den Schafskäse mit einer Gabel zerdrücken und zur Butter geben. Gut schaumig rühren, pfeffern und salzen.

Die Zwiebel fein schneiden, die entkernten Oliven ebenfalls klein hacken und die Tomaten in kleine Würfel schneiden. Alles unter die Schafskäsemasse rühren und mit dem Knoblauch würzen.

Schinkenaufstrich
mit Bärlauch

250 g Beinschinken
250 g Gervais
150 g Bärlauch
125 ml Crème fraîche
1 EL Kren aus dem Glas
Salz
weißer Pfeffer

Bärlauch blanchieren, gut ausdrücken und mit dem Mixstab pürieren, den Beinschinken fein faschieren.

Gervais, Crème fraîche und Kren gut verrühren. Bärlauch, Beinschinken und Gewürze dazugeben und nochmals pikant abschmecken.

Der gute Tipp:
Auf ein frisches Vintschgerl oder ein Bauernbrot streichen.

Schinken-Ei-Aufstrich

150 g Gervais
2 Eier
200 g Schinken
etwas Senf
gemahlener Kümmel
Pfeffer, Salz
Knoblauch

Die Eier hart kochen, schälen und mit einer Gabel zerdrücken. Mit dem Gervais vermischen und glatt rühren.

Schinken faschieren, beifügen und mit Salz, Pfeffer, Senf, Kümmel und Knoblauch würzen.

Schinken-Topfen-Aufstrich mit Melone

250 g Topfen
100 g Crème fraîche
150 g San-Daniele-Schinken
150 g Zuckermelone
100 g Jungzwiebeln
Salz, Pfeffer

Den Topfen fein passieren, den Schinken und die Melone würfelig schneiden. Die Jungzwiebeln blanchieren und fein schneiden.

Topfen und Crème fraîche glatt rühren, würzen und mit den restlichen Zutaten vermengen.

Mit Melone und Jungzwiebeln garnieren.

Schmalzaufstrich
mit Liebstöckel

450 g Grammelschmalz
ca. 2–3 EL Kürbiskernöl
50 g Kürbiskerne
1 Bund Liebstöckel
Salz, Pfeffer

Kürbiskerne mit etwas Kürbiskernöl in einer Pfanne rösten und auskühlen lassen.

Grammelschmalz mit dem Mixer schaumig schlagen und vorsichtig das Kürbiskernöl unterrühren.

Gehackte Kürbiskerne und fein geschnittenes Liebstöckel untermengen. Mit Salz und Pfeffer abschmecken.

Der gute Tipp:
Servieren Sie diesen Aufstrich mit frischem Landbrot.

Sellerieaufstrich

100 g Sellerie
100 g Äpfel
etwas Zitronensaft
100 g Crème fraîche
einige Ananasstücke
1 Prise Salz
etwas Pfeffer
Walnüsse

Sellerie und Äpfel schälen und auf der feinen Rohkostraffel reiben. Sofort mit Zitronensaft vermengen, damit sie nicht braun werden.

Crème fraîche glatt rühren und Sellerie und Apfel unterrühren. Einige Ananasstücke dazugeben und mit Salz und Pfeffer abschmecken.

Walnüsse grob hacken und auf der Selleriemasse verteilen.

Der gute Tipp:
Sieht auf dunklem Brot, z. B. Pumpernickel, sehr gut aus.

Sesambutter

10 g Sesam
100 g Butter
1 Prise Salz

Den Sesam in einer trockenen Pfanne unter ständigem Rühren bis zur beginnenden Bräunung erhitzen (immer im Auge behalten, denn Sesam brennt leicht an).

Anschließend den Sesam erkalten lassen.

Die Butter schaumig rühren, dann den erkalteten Sesam daruntermischen. Mit Salz abschmecken.

Sesambutter und Kürbiskernaufstrich (S. 62) >

Speckaufstrich
mit Walnüssen

200 g mehlige Erdäpfel
2 Knoblauchzehen
100 g Frühstücksspeck
50 g Walnüsse
2 Zwiebeln
75 g Sauerrahm
50 g Butter
Salz, Pfeffer
Walnussöl

Erdäpfel und Knoblauchzehen schälen und in Salzwasser weich kochen. Abgießen, auskühlen lassen und durch ein Sieb drücken.

Zwiebeln, Speck und Nüsse sehr klein schneiden, in einer Pfanne mit etwas Walnussöl anrösten und anschließend in einem Sieb abtropfen lassen.

Butter schaumig rühren, Sauerrahm untermischen und Erdäpfelmasse beigeben.

Die Zwiebel-Speck-Masse einrühren und mit Salz und Pfeffer abschmecken.

Der gute Tipp:
Dieser Aufstrich schmeckt am besten mit Toskanabrot.

Spinat-Aufstrich
mit Schafskäse

1 Handvoll frische Spinatblätter
250 g Schafskäse
2 EL Sauerrahm
2 Knoblauchzehen
1 Prise Salz
Muskatnuss
etwas Pfeffer

Die Spinatblätter waschen und in Salzwasser blanchieren, ausdrücken und fein hacken.

Den Schafskäse mit der Gabel zerdrücken und dann mit dem Sauerrahm vermischen. Den gehackten Spinat und die gepressten Knoblauchzehen dazugeben und mit Salz, Pfeffer und Muskatnuss abschmecken.

Tartexaufstrich

1 Dose Tartex (125 g)
100 g Butter
100 g Topfen
1 Zwiebel
1 Paprikaschote
1 Essiggurke
1 TL Leinsamen
gehackte Kräuter nach Belieben
Petersilie
Schnittlauch

Tartex mit der Butter und dem Topfen schaumig rühren.

Die Zwiebel, die Paprikaschote, sowie die Essiggurke klein schneiden und mit dem Leinsamen vermischen.

Das geschnittene Gemüse mit den gehackten Kräutern unter die Tartexmasse rühren und mit Petersilie und Schnittlauch hübsch garnieren.

Der gute Tipp:
Tartex ist eine pflanzliche Paste mit verschiedenen Geschmacksrichtungen, die Sie in Naturkostläden und Reformhäusern erhalten.

Toastbutter

- 200 g Butter
- 1 TL Zitronensaft
- 1 kleine Zwiebel
- 1 Knoblauchzehe
- etwas Butter
- 2 TL englischer Senf
- etwas Cayennepfeffer
- 1 Prise Salz
- frisch gemahlener Pfeffer

Die Zwiebel fein hacken, den Knoblauch schälen und zerdrücken und beides zusammen in etwas Butter anrösten.

Die Butter schaumig rühren und mit Senf und der gerösteten Zwiebel und dem Knoblauch vermischen. Mit Zitronensaft, Salz, Cayennepfeffer und Pfeffer abschmecken.

Der gute Tipp:
Schmeckt am besten auf frisch geröstetem Toastbrot.

Tomatenaufstrich

1 kg Tomaten
2 EL Olivenöl
2 Zwiebeln
5 Knoblauchzehen
1/2 Paprikaschote
1 Chilischote
je 1 Zweig Thymian und Oregano
etwas Rosmarin und Basilikum
Salz, Pfeffer

Tomaten häuten und fein würfeln, Zwiebeln, Knoblauch, Paprika- sowie Chilischote und die Kräuter fein schneiden.

Öl in einer Pfanne erhitzen, Zwiebeln darin glasig andünsten, die restlichen Zutaten beigeben und unter Rühren etwa 30 Minuten bei schwacher Hitze köcheln lassen, bis eine cremige Paste entsteht.

Mit Salz und Pfeffer abschmecken und heiß in Gläser abfüllen. Kühl und dunkel aufbewahren.

Walnussbutter

200 g Butter
100 g Walnüsse
3 EL Hefeflocken
1 Prise Salz

Walnüsse fein reiben. Butter schaumig schlagen, Salz, Nüsse und Hefeflocken unter die Buttermasse rühren.

Kühl stellen und ca. 30 Minuten ziehen lassen.

Der gute Tipp:
Hefeflocken sind besonders reich an B-Vitaminen und Eiweiß. Sie eignen sich zum Würzen von Suppen, Saucen, Salaten und Gemüsen, sollten allerdings niemals mitgekocht werden, um die Vitamine zu erhalten.

Wildschweinstreichwurst

Speck in kleine Würfel schneiden und in heißer Butter anschwitzen.

Knoblauch nur schälen, Zwiebel fein schneiden und ebenfalls in die Pfanne geben, mitdünsten.

Semmeln in Milch einweichen und ausdrücken, das Wildschweinfleisch in Würfel schneiden.

Fleisch, Semmeln, Knoblauch, Zwiebel und Speck mittelfein faschieren, fein geschnittene Petersilie dazugeben und mit Salz und Pfeffer abschmecken.

Die Masse auf ein Butterpapier streichen und zu einer Wurst formen, einrollen und an beiden Enden und in der Mitte mit einen Spagat gut zusammenbinden.

300 g Wildschweinfleisch (Schulter, sehr fett)

100 g Bauchspeck

etwas Butter

10 Knoblauchzehen

1 Zwiebel

2 Semmeln

Milch nach Bedarf

Petersilie

Salz, Pfeffer

Der gute Tipp:

Servieren Sie die Wildschweinstreichwurst mit Ciabattabrot.

Wurst vegetarisch

200 g Weizenschrot
500 ml Suppe
2 Knoblauchzehen
Basilikum
1 Zwiebel
Majoran
Salbei
150 g Butter
1 Prise Salz
Petersilie

Weizenschrot in der Suppe so lange kochen, bis ein dicker Brei entsteht.

Auskühlen lassen, dann mit den zerdrückten Knoblauchzehen, dem fein gehackten Basilikum, der klein geschnittenen Zwiebel und der zimmerwarmen Butter vermischen.

Mit Majoran, Salbei und eventuell auch Salz gut würzen und abschmecken.

In eine Form füllen, kühl stellen und vor dem Servieren auf eine Platte stürzen. In Scheiben schneiden und servieren.

Der gute Tipp:

Man kann aus der Masse auch eine Rolle formen und diese in Alufolie wickeln. Vor dem Servieren kann man die Wurst auch in gehackter Petersilie wälzen.

Ziegenfrischkäse
mit Marillen

70 g rote Zwiebeln
5 getrocknete Marillen
150 g Ziegenfrischkäse
250 g Gervais
60 ml Schlagobers
1 EL Honig
Salz, Cayennepfeffer
2 EL Sonnenblumenkerne
1 EL Zitronenmelisse

Rote Zwiebeln fein hacken, getrocknete Marillen in feine Streifen schneiden.

Die Sonnenblumenkerne rösten und die Zitronenmelisse fein hacken.

Ziegenfrischkäse und Gervais glatt verrühren, mit den restlichen Zutaten vermischen. Mit gerösteten Sonnenblumenkernen, Marillenstreifen und Zitronenmelisse garnieren.

Zwiebelbutter

- 100 g Butter
- 2 Zwiebeln
- Öl
- Kräutersalz
- Majoran

Die Zwiebeln in feine Ringe schneiden und in wenig Öl goldbraun rösten. Danach sofort auf eine Küchenrolle legen, damit sie knusprig werden.

Die zimmerwarme Butter mit der Gabel vorsichtig einkneten. Salz und Majoran nach Geschmack zugeben.

Der gute Tipp:
Kann anstelle von Zwiebelschmalz verwendet werden.

Zwiebelschmalz

- 200 g Schweineschmalz
- 1 EL Zucker
- 5 Zwiebeln
- 2 cl Cognac
- 1 Prise Majoran
- 2 EL Olivenöl
- Salz, Pfeffer

Den Zucker mit dem Öl in der Pfanne zergehen lassen. Die Zwiebeln fein hacken und zusammen mit dem Majoran in die Pfanne geben, dunkel anrösten und mit Cognac ablöschen. Vom Herd nehmen und die Zwiebeln in einem Sieb etwas abtropfen lassen.

Das Schweineschmalz mit dem Handmixer schaumig schlagen, die Zwiebeln darunter mischen und mit Salz und Pfeffer pikant abschmecken.